中小学生综合实践活动系列读本

灵动时节

二十四节气探寻之旅

夏季篇

郝英红　娄卫润◎编著

燕山大学出版社
2020·秦皇岛

书中部分图片未知版权，请作者联系我们，以便支付稿酬

图书在版编目（CIP）数据

灵动时节. 二十四节气探寻之旅夏季篇 / 郝英红，娄卫润编著.—秦皇岛：燕山大学出版社，2020.10
ISBN 978-7-5761-0057-0

Ⅰ. ①灵… Ⅱ. ①郝… ②娄… Ⅲ. ①活动课程－小学－课外读物 Ⅳ. ①G622.3

中国版本图书馆 CIP 数据核字（2020）第 165190 号

灵动时节——二十四节气探寻之旅夏季篇

郝英红　娄卫润　编著

出 版 人：陈　玉
责任编辑：王　宁
封面设计：刘韦希
出版发行：燕山大学出版社 YANSHAN UNIVERSITY PRESS
地　　址：河北省秦皇岛市河北大街西段 438 号
邮政编码：066004
电　　话：0335-8387555
印　　刷：秦皇岛墨缘彩印有限公司
经　　销：全国新华书店

开　本：889mm×1194mm　1/16　　印　张：7.25　　字　数：119 千字
版　次：2020 年 10 月第 1 版　　印　次：2020 年 10 月第 1 次印刷
书　号：ISBN 978-7-5761-0057-0
定　价：19.80 元

编 委 会

总　　序

依托秦皇岛市研学基地开发综合实践活动课程资源

综合实践活动课程是2001年我国第八次基础教育课程改革设立的必修课程，目的是克服学校课程脱离社会发展和学生生活实际的不足，改变学生被动接受知识学习的局面，积极推进素质教育，创新人才培养模式，提高学生的社会责任感、创新精神和实践能力。

2016年11月，教育部等11部门联合发布了《关于推进中小学研学旅行的意见》（简称《意见》），《意见》明确指出，中小学生研学旅行是由教育部门和学校有计划地组织安排，通过集体旅行、集中食宿的方式开展的研究性学习和旅行体验相结合的校外教育活动，要求各中小学要结合当地实际，把研学旅行纳入学校教育教学计划，与综合实践活动课程统筹考虑，促进研学旅行和学校课程有机融合。

2017年9月25日，教育部印发《中小学生综合实践活动课程指导纲要》，明确把“研学旅行”纳入综合实践活动课程。总结前期的课程实践经验，我们认为，在课程推进过程中，不应该只把研学旅行局限为综合实践活动的一种活动构成方式，其本身还可以成为课程实施的平台，为社会服务、设计制作、职业体验等领域拓展丰富的课程资源。

秦皇岛市自2003年实施新课改以来，市教育局高度重视综合实践活动课程的实施工作，先后出台多个专项指导意见，开展规范且系列化的培训、交流、评比、展示活动。区域课程开发、实施、管理的整体水平较高，多次在省级以上的教研活动中交流课程管理经验。

为了让学生在真实的自然环境中学习，在学习与实践的过程中了解家乡，培养学生热爱家乡的感情，涵育家国情怀，自觉地将个人的发展与国家民族的前途命运结合起来，让价值体认和使命担当落到实处，市教育局依托秦皇岛区域内的研学基地及相关工业、农业产业资源，开发内容丰富的综合实践活动课程资源。

区域内很多学校依托当地自然、社会、人文素材，开发了大量的课程资源：有的依托农村特色产业，引导学生走进田间地头，参与生产劳作，了解农业科技，策划特色产业发展规划；有的依托当地的自然风光等旅游资源，了解旅游产业的核心竞争要素，对产业发展进行诊断、评价、推介和优化；有的依托当地的人文资源，通过引导学生关注家乡文化底蕴、发掘人文内涵及传统文化项目，涵育学生的家国情怀。

本系列读本的编写主要依托秦皇岛市中小学综合实践活动名师工作室，娄卫润老师担任工作室主持人，在她的带领下，具有课程管理经验的校长和教学实践智慧的教师共同参与编写。他们查阅各种文献，深入研学基地，反复打磨提炼，用考察探究、社会服务、设计制作、职业体验等活动方式全面提升学生的综合素养。读本具有明显的地域特色，内容载体熟悉，学习情境亲切，真正唤起学生的自主探究欲望。读本力求提升研学实践教育的管理水平，为全面育人和全方位育人拓展新的空间。

本系列读本记录了我市多年来实施综合实践活动课程的实践历程，代表了不同的中小学校对实施综合实践活动课程的整体把握和实践探索。期待涌现更多课程实施规范的教学队伍和教研团队，期待区域课程资源开发走向更高的水平。希望综合实践活动课程在秦皇岛落地生根，盛开出鲜艳的花朵！

刘文杰

致同学们

亲爱的同学们：

你们好！

我是你们的小伙伴节气娃娃。在《二十四节气探寻之旅》这套书里，我将和你们一起探究二十四节气的奥秘，感受综合实践活动课程的无穷魅力。

二十四节气蕴含着自然界许多神奇的现象和规律，是中华民族宝贵的历史文化遗产。不同的节气，气温有怎样的变化？降水量有什么差异？有哪些独特的物候现象？……在探究二十四节气的过程中，你们一定会感受到我国古代劳动人民细致入微的观察力，也一定会被中华民族勤劳、智慧的民族精神和悠久、灿烂的农耕文化所深深地折服！

打开这套书，你们可以看到“启思苑”“实践场”“体验营”“活动角”“交流园”“知识窗”“资料库”“展示台”等不同的栏目。“启思苑”帮助你们打开探究问题的思路；“实践场”“体验营”“活动角”是综合运用观察、调查、采访、体验等方法去开展社会实践、社会服务、设计制作、职业体验等活动的平台；“交流园”是你们分享收获、反思不足的园地；“知识窗”“资料库”告诉你们许多和节气有关的知识。你们既可以根据实际情况选择感兴趣的活动内容，也可以发挥创造性，根据书中的思路和方法开展更有创意的活动。

从现在开始，你们就要踏上二十四节气的探寻之旅了，希望你们在活动中善于思考、勇于实践、敢于探究、乐于分享，成为一名二十四节气的“小达人”、综合实践活动的“小行家”！

你们的小伙伴 节气娃娃

目录

目录

探索夏天的奥秘——立夏

“春意阑珊处，立夏款款来。”与美好的春光依依惜别后，我们迎来了农历二十四节气中的第七个节气，夏季的第一个节气——立夏。天文学上，立夏表示告别春天，是夏天的开始。

立夏时节，气温明显升高，雷雨增多。让我们一起踏上新的节气之旅，共同探索夏天的奥秘吧！

1. 立夏节气知多少

每年公历 5 月 5—7 日，太阳到达黄经 45° 时为立夏节气。

启思苑

说到立夏，你们想了解哪些内容呢？

确定了研究的问题，可以围绕这些问题去搜集资料。

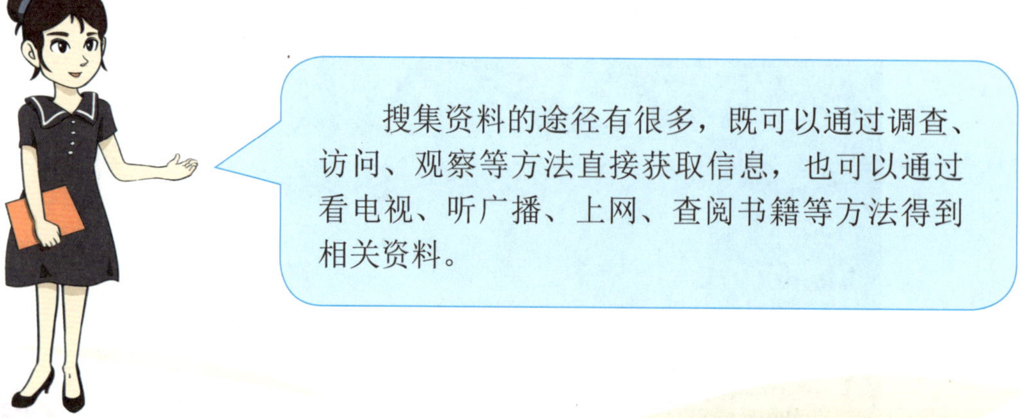

活动角

走进图书馆，搜集关于立夏节气的资料吧！

首先，登录图书借阅管理系统进行书目检索，找到想要的书籍。

快速翻阅，从书中找到你们需要的信息。

查找资料时，可以采用“做摘录”和“做提要”的方法，通过制作资料卡的方式记录有用的内容。

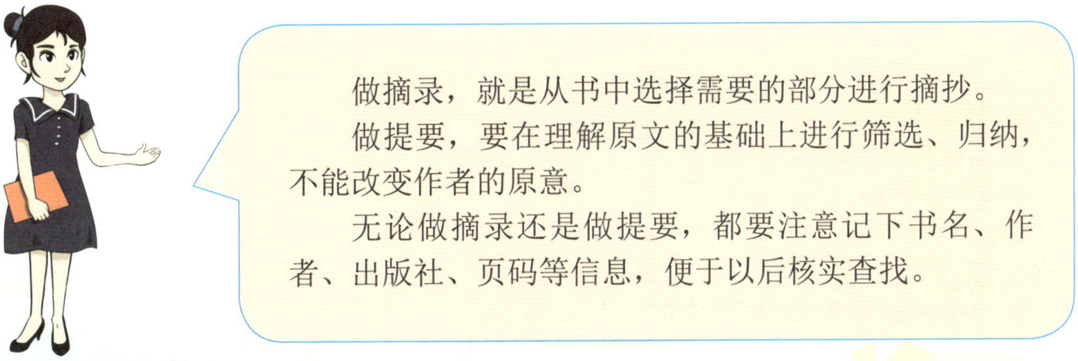

我从《中国人的二十四节气》这本书中摘录了立夏节气名称的由来，里面还加上了自己的理解。看！这是我制作的资料卡。

原文：

立夏，预示季节的转换，标志着夏季的开始。此时太阳达到黄经45°，交节时间在5月5日至7日。立夏节气在战国末年就已经确立了。古书有云：“斗指东南，维为立夏，万物至此皆长大，故名立夏也。”

《月令七十二候集解》中解释说：“立，建始也。”“夏，假也。物至此时皆假大也。”这里的“假”，即“大”的意思，是说春天发芽生长的植物到此已经长大了。立夏时节气温明显升高，雷雨天气增多，农作物生长进入旺季。

资料卡

资料主题：立夏节气名称的由来	
资料来源	《中国人的二十四节气》(邱丙军 化学工业出版社) 81页。
内容摘录	立夏节气在战国末年就已经确立了。古书有云："斗指东南，维为立夏，万物至此皆长大，故名立夏也。 这句话的意思是说，北斗星的斗柄指向东南，就是立夏时节，万物到这个时候都会长大，所以叫立夏。 《月令七十二候集解》中解释说："立，建始也。""夏，假也。物至此时皆假大也。"这里的"假"，即"大"的意思，是说春天发芽生长的植物到此已经长大了。

资料卡

资料主题	立夏三候
资料来源	《漫品二十四节气》(赖国清 广西师范大学出版社) 113页—115页。
内容提要	古人将立夏分为三候：一候蝼蝈鸣，二候蚯蚓出，三候王瓜生。 蝼蝈，又称蝼蛄。立夏一候，蝼蝈昼伏夜出，开始活跃。 立夏二候，蚯蚓开始掘土、钻洞、寻食和繁殖。 立夏三候，瓜蔓快速生长攀爬。 如此"三候"，此时在北方地区还不够明显。

我搜集了立夏三候的资料，由于原文篇幅比较长，所以通过做提要的方式，用自己的话把三候的知识提炼出来。

通过查阅书籍，你们搜集到了哪些资料呢？试着用“做摘录”和“做提要”的方法制作资料卡吧！

资料主题：

资料来源：

内容摘录：

资料主题：

资料来源：

内容摘录：

小贴士

如果需要书中的原文，但是原文内容又太多，不便于抄写，可以采用拍照或复印的方式将原文保存下来。

交流园

通过搜集和整理有关立夏的资料，你们有哪些发现和收获？

资料库

有趣的立夏习俗

斗蛋游戏

“立夏蛋，满街甩。”斗蛋通常是小孩子们的游戏。熟鸡蛋经冷水浸过，装在用彩色丝线或绒线编成的网兜里，让孩子们挂在脖子上进行斗蛋：蛋头撞蛋头，蛋尾击蛋尾，斗破了壳的认输，然后把蛋吃掉，最后留下的那个斗不破的鸡蛋，被尊为“蛋王”。

为什么要斗蛋？民间的说法是“立夏胸挂蛋，小人疰 (zhù) 夏难”。进入夏季后，因天气炎热，老幼体弱者容易出现食欲不振、乏力倦怠、心烦气虚等症状，称为“疰夏”。鸡蛋作为一种简单易得的营养品，用来提前进补预防疰夏。为了配合孩子们爱玩的天性，人们把吃与玩结合在一起，就形成了立夏斗蛋的习俗。

立夏称人

立夏这天有称人的习俗。吃完午饭，人们在村口挂起一杆大木秤，秤钩上悬一个凳子，大家轮流坐到凳子上面称人。司秤人一面打秤花，一面讲着吉利话。称老人时要说：“秤花八十七，活到九十一。”称姑娘时要说：“一百零五斤，员外人家找上门。勿肯勿肯偏勿肯，状元公子有缘分。”称小孩时则说：“秤花一打二十三，小官人长大会出山。七品县官勿犯难，三公九卿也好攀。”

2. 立夏燕子小调查

立夏前后，正值华北地区的燕子筑巢、育雏的时节。让我们一起走近家乡燕子，开展一次燕子调查活动吧！

启思苑

怎样开展燕子调查活动呢？大家交流一下吧！

小组成员共同讨论，制订调查活动计划。

常用的调查方法有问卷调查法、文献调查法、访问调查法、实地观察法、集体访谈法等。

小组燕子调查活动计划	
调查目的	了解家乡燕子的种类、分布、筑巢、捕食、育雏及与人类相处等情况
小组分工	
调查方法	访问调查法、文献调查法、实地观察法
调查准备	1. 提前约爱鸟协会专家，确定采访内容。 2. 确定调查地点、调查内容，设计调查记录表。 3. 准备笔、手机、相机、望远镜等工具。
调查步骤	
注意事项	

采访爱鸟协会专家，了解家乡常见的燕子种类，听一听他们对燕子调查活动的建议吧！

目前秦皇岛境内繁殖并能够找到巢的燕子有四种，分别是燕科的家燕、金腰燕、岩燕与雨燕科的普通楼燕。家燕和金腰燕在城乡最为常见；岩燕多出现在北部山区；普通楼燕通常要到市区或城乡附近的老建筑、寺庙去寻找。

上网查找资料和图片，为家乡的燕子制作小档案！

家燕小档案

种类：家燕

形态特征：喙短而宽扁，呈倒三角形。头、颈、背呈蓝黑色，有金属光泽。额、颏、喉呈栗色，下胸及腹部呈白色。体态轻捷伶俐，翅膀狭长似镰刀，尾部分叉像剪刀。

生活习性：经常成对地停落在村落附近的田野和河岸的树枝、电杆和电线上，也常结队在田野、河滩飞行掠过。飞行时张着嘴捕食蝇、蚊等昆虫。鸣声尖锐而短促。

栖息环境：常栖息于村庄和城市，营巢于屋檐下。用唾液混合泥土、树枝、杂草等材料筑巢，巢为杯形。

参照家燕小档案，试着做一做金腰燕、岩燕和普通楼燕的小档案吧！

实践场

家燕和金腰燕在秦皇岛地区最常见。让我们到居民小区和河流沿岸，寻找它们的身影，观察它们的燕巢吧！

拍下燕巢的照片，随机采访小区居民，完成调查记录表。

家燕的巢

金腰燕的巢

根据燕巢的特征，可以判断燕子的种类。瞧！家燕的巢和金腰燕的巢在外形上有明显区别：__________

____

燕巢调查记录表			
日期		天气	
燕子种类		燕巢地址	
燕巢材质、形状及使用状态			
巢内燕子数量			
雏鸟外形			
成鸟行为（筑巢、育雏、离巢等）			
周边环境			
居民对燕子的态度			
记录人			

观察的时候一定要慢步轻声，不要惊扰燕子！

交流园

在燕子调查活动中，你们有哪些收获和感想呢？和大家分享一下吧！

资料库

秦皇岛——生态和谐的候鸟天堂

秦皇岛是世界著名的四大观鸟胜地之一，被誉为“中国观鸟之都”。

秦皇岛位于河北省东北部，北依燕山，南临渤海。得天独厚的地理位置，复杂多样的地形地貌，广阔无垠的海洋，纵横交错的河流，温和适宜的气候和大面积的森林、植被，吸引了大量的鸟类在这里聚集。据统计，我国鸟类共有1300多种，秦皇岛就有450余种，占我国鸟类总数的30%。

作为鸟类迁徙时导航的标志，烟波浩渺的渤海与沙软潮平的黄金海岸、绵延起伏的山脉与开阔平坦的沿海平原形成鲜明的对比，有利于过路的候鸟辨认方位，使它们不在迁徙过程中迷路。因此，秦皇岛成为西伯利亚、中国北方与南方、菲律宾、澳大利亚之间候鸟迁徙的一个重要驿站。

3. 立夏时节槐花香

立夏时节，洋槐树上的花儿开了，洁白如雪、甜香四溢。让我们一起走近洋槐花，品味槐花香，感受夏日美吧！

知识窗

洋槐花即刺槐的花。刺槐，别名“洋槐”，原产于北美洲，我国于18世纪末从欧洲引入青岛栽培，现已在全国各地广泛栽植。

洋槐树皮厚、色暗，树叶根部有刺；洋槐花为白色，花香浓甜，可直接食用，也可作为蜜源；洋槐树的果实为荚果；洋槐木材坚硬、耐腐蚀，燃烧缓慢。

活动角

观察法是科学探究的一种基本方法。让我们到街道、庭院，一起观察洋槐花吧！

观察的方法有直接观察和间接观察。

直接观察是用肉眼观察。间接观察是借助放大镜、显微镜、照相机、摄像机等仪器和工具进行观察。

观察要有一定的顺序，可以采取从整体到局部、从上到下、从外到内、从左到右的顺序进行。观察时要全面、细致、实事求是，及时做好观察记录。

________小组槐花观察记录表

观察时间		
观察地点		
观察目的		
观察工具		
观察内容	颜色	
	气味	
	形态	
	结构	

实践场

洋槐花不仅美丽，而且具有独特的食用价值，可以用来烧汤、做饼、包饺子、做茶饮等。让我们一起学习制作美味的槐花饼吧！

准备好洋槐花、鸡蛋和适量的油、盐、生抽、糖等调料，我们就可以动手制作啦！

1. 洋槐花焯水后挤干水分，打入鸡蛋。

2. 鸡蛋打散后加入调料，搅拌均匀。

3. 油热后倒入槐花蛋液，用中小火煎熟一面后，再翻过来煎另一面。

4. 另一面也煎熟后出锅。

展示一下我们的劳动成果！

我们亲手制作的槐花饼（照片）

“春风拂醒槐花梦，蝶舞蜂飞花丛间。”洋槐花以其特有的清香引来蜜蜂，酿制出蜜中上品——洋槐蜜，也就是人们通常所说的“槐花蜜”。

市场上的槐花蜜质量参差不齐，请教蜂农，了解一下鉴别方法吧！

槐花蜜的鉴别方法	
闻气味	
观状态	
尝味道	
动手检验	

资料库

槐花蜜的功效

槐花蜜性清凉，具有去湿利尿、凉血止血的功效，能保持毛细血管正常的抵抗能力，有舒张血管、改善血液循环、防止血管硬化、降低血脂和血压等作用。槐花蜜中还含有刺槐甙和挥发油，可用于抗菌、防腐和止咳。

常服槐花蜜能改善人的情绪，达到宁心安神的效果。失眠者在临睡前服用槐花蜜，能降低中枢神经的兴奋程度，起到催眠的作用，还可以避免因服用催眠药物导致成瘾。

4. 收获与反思

“探索夏天的奥秘——立夏”综合实践活动结束了，用什么样的方式向老师和同学们展示自己的活动成果呢？

我们制作了关于立夏节气的资料卡和图片，打算举办一次“立夏知多少”资料展。

我们用图文结合的方式制作了不同种类燕子的小档案，还完成了燕子调查报告。

回顾活动过程，对自己和同伴的表现进行反思和评价吧！

我的收获与体会	
表现最好的同学	
印象最深的事	
新的想法和建议	
自己评	
同学评	
老师评	
家长评	

立夏时节，万物朝气蓬勃，生机盎然，时刻提醒我们要因时而适，不负大好时光。让我们用健康美好的心态拥抱火热的夏天，期待节气文化带给我们更多的惊喜！

探索夏天的奥秘——小满

立夏过后，我们迎来了一年中美好的初夏时光——小满。小满是农历二十四节气中的第八个节气，夏季的第二个节气。小满时节，我国南北温差进一步缩小，降水进一步增多，大部分地区相继进入炎炎夏日。

小满是收获的前奏，也是夏忙的序曲。让我们一起走进小满，共同感受大自然的诗意与哲理吧！

1. 小满节气我了解

小满节气在每年公历 5 月 20—22 日之间，此时太阳到达黄经 60°。

知识窗

小满的名称在南北方的含义有所不同。

在北方，小满的含义与作物生长有关，指的是大麦、冬小麦等夏熟作物籽粒逐渐饱满，但还未成熟。

在南方，小满的名称反映了降雨量大的气候特征，小满节气意味着进入了大幅降水的雨季，因此，南方有“小满大满江河满”的说法。

启思苑

说到小满，你们想了解哪些内容呢？

活动角

网络查询是一种非常快捷的搜集资料的方式。通过网络查询，解决你们的疑问吧！

网络查询时，需要利用搜索引擎对网页进行检索。搜索引擎是一个对互联网信息进行搜索整理和分类并储存在网络数据库中供用户查询的系统。常用的搜索引擎有百度、搜狗、360等。

网上的资料浩如烟海，通过输入关键词句搜索的方法能够很快找到需要的资料。

小贴士

1. 同时输入多个关键词进行搜索，不同关键词之间用一个空格隔开，可以缩小查找范围，获得更精确的搜索结果。
2. 在关键词句上加双引号，能够完全匹配要查找的内容，避免其他不相关的网页干扰。

试着在百度搜索引擎框中输入想要搜索的内容，如“二十四节气中为什么没有大满”，你能看到哪些搜索结果？这么多的搜索结果，应该怎样筛选呢？

二十四节气,为什么只有小满,没有大满?_百度知道

4个回答 - 回答时间: 2020年5月20日 - 1人觉得有用

最佳答案: 小满,是二十四节气中夏季的第二个节气。它的含义是夏熟作物的籽粒开始灌浆饱满,麦粒看起来好像饱满了,但其实还只灌了个“半饱”。所以说,只是小满,还...

二十四节气里为什么有小满没“大满”?_中国经济网——国家经济门户

2019年5月22日 - 不过,有趣的是,二十四节气中有小满,之后便是芒种,为何没有“大满”呢? “物致于此小得盈满” 一般来说,在每年5月20日到22日之间,视太阳到达黄...

中国经济网 - 百度快照

在网络查询过程中，要注意鉴别和判断资料的真实性、权威性，尽量选择可靠的官方网站，以保证获取信息的准确性。

交流园

通过上网查找资料，你们的疑问解决了吗？把找到的答案展示一下吧！

为什么二十四节气中只有小满而没有大满？

二十四节气中只有小满没有大满，其实是反映了儒家思想的“中庸之道”。“满招损，谦受益。”只有“小得盈满”刚刚好达到了平衡状态。“物极必反”“水满则溢，月满则亏”，说的也是这个道理。因此，在二十四节气的命名中，有小暑必有大暑，有小雪必有大雪，有小寒必有大寒，有小满却独缺大满。

小满节气的习俗

交流一下感想和收获吧！

资料库

小满三候

小满一候苦菜秀：苦菜是中国人最早食用的野菜之一。小满时节，苦菜葱葱茏茏，过去这个时候，百姓往往以苦菜充饥。

小满二候靡草死：靡草是一种喜阴的植物。小满节气，各地开始步入夏季，靡草死去标志着小满节气阳气日盛。

小满三候麦秋至：麦秋的“秋”字，指的是麦谷成熟之时，因此，虽然时间还是夏季，但对于麦子来说，却到了成熟的“秋”，所以叫“麦秋至”。

苦菜繁茂，靡草却完成了生命的“小满”，悄悄死去；虽然麦子将熟，但仍然青黄不接。人们吃苦菜、尝新麦，吃“苦”尝“新”，也蕴含着“苦尽甘来”之意。小满时节，总是那么充满哲理和诗意。

2. 黄瓜生长我管理

谷雨时节，我们亲手种下黄瓜的种子。小满时节，气温较高，正是黄瓜快速生长的时期。让我们继续走进种植园，精心管理黄瓜秧苗，期待收获季的来临吧！

体验营

请教农民伯伯，及时为黄瓜浇水、施肥、中耕。

中耕是对土壤进行浅层翻倒，疏松表层土壤。中耕可以减少水分蒸发，使空气流通，提高土壤温度，加速肥料的分解，消灭杂草，有利于黄瓜的生长。中耕一般在雨后、浇水后或土壤板结时进行。

黄瓜秧一天天长大了。观察黄瓜的茎，你发现了什么？

黄瓜是葫芦科一年生蔓生或攀缘草本植物。黄瓜的茎细长、柔弱，不能直立，靠卷须附着在别的东西上攀缘上升生长，这样的茎称为攀缘茎。

黄瓜秧开始长出卷须时，就要为它们搭架引蔓了。在农民伯伯的指导下，试着为黄瓜秧搭“人”字架吧！

1. 插架。在距离黄瓜秧根部 10 厘米左右的地上各插一根竹竿。

2. 捆绑。将相邻两垄中相对的六根竹竿上端靠拢，搭成“人”字形，绑在一起。

3. 固定。“人”字架全部搭好以后，在顶部放一根长竹竿绑好，把所有的架子连为一体，增加稳定性。

4. 绑蔓。将黄瓜茎蔓绑在竹竿上，防止下垂。每 2 ～ 3 节绑一次，注意不要磨伤茎蔓。

写下我们的劳动心得！

我的心得

黄瓜开花了！下面的两朵黄瓜花，分别是雌花还是雄花？哪一朵能结出黄瓜？

1 号花

2 号花

实地观察黄瓜花，对照下面的剖面图作出判断吧！

黄瓜花观察记录表

	萼片数量	花瓣数量	雄蕊数量	雌蕊数量	其他发现
1 号花					
2 号花					
结论					

知识窗

黄瓜的花是单性花，雌雄同株。黄瓜可以不经过受精而结实，叫作“单性结实”。雌花的子房里面不产生种子，形成无籽果实。除了黄瓜，常见的单性结实植物还有香蕉、葡萄、柿子以及柑橘的某些品种。

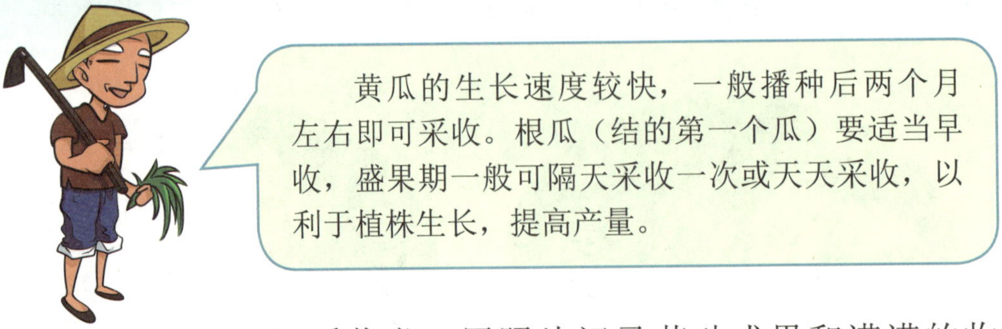

亲手种下的黄瓜可以采收啦！用照片记录劳动成果和满满的收获喜悦吧！

交流园

和大家交流一下收获吧！

3. 养蚕乐趣我体验

养蚕是小满时节南方地区最有特色的一项农事活动。桑肥蚕饱的小满时节，让我们一起体验养蚕的乐趣吧！

实践场

采访身边养过蚕的人，了解养蚕的准备工作和注意事项。

采访记录表			
采访人		被采访人	
采访内容	1. 养蚕需要准备哪些工具和器皿？ 2. 适宜养蚕的温度、环境是怎样的？ 3. 蚕吃什么食物？ 4.……		

我们的养蚕之旅开始了！

观察刚孵化出来的蚕，写下观察日记，记录它的形态特征和我们兴奋的心情！

这时候的蚕黑黑的，看起来像蚂蚁，身上长满细毛，称为蚁蚕。

×年×月×日　　星期×　　天气×

今天，我特别开心，因为我们养的蚕钻破卵壳爬出来啦！

刚孵化的蚕全身都是黑色的，个头特别小，要借助放大镜才看得清楚……

____

____

____

小贴士

◆蚕孵化后要及时用毛笔或羽毛把它们轻轻地刷到桑叶上。

◆桑叶要新鲜并保持干燥，切成碎片或条状。

◆要经常清除蚕的粪便和吃剩的残叶，保持清洁。

◆要把养蚕的容器放在空气流通的地方。

蚕在生长过程中会蜕皮。观察蚕蜕皮前的样子，你有什么发现？

知识窗

蚕在蜕皮过程中不吃不动的状态称为“眠”。蚕的外皮不能无限地生长延伸，所以经过一定阶段后就需要换新的外皮。新皮的生成、老皮的分离都是在休眠过程中完成的。

一般情况下，蚕要经过四次休眠才能成蛹化蛾。从蚁蚕到第一次蜕皮为一龄蚕；眠起后为二龄蚕；第二次蜕皮后为三龄蚕；第三次蜕皮后为四龄蚕；第四次蜕皮又称“大眠”，大眠后就进入第五龄。从蚁蚕到五龄蚕，都属于蚕的幼虫阶段。

留心观察不同蚕龄的蚕，完成记录表。

“不同蚕龄的蚕”观察记录

蚕龄	起止日期	颜色	体长	食量	活动情况	其他发现
一龄蚕						
二龄蚕						
三龄蚕						
四龄蚕						
五龄蚕						

四次蜕皮结束后，蚕就开始吐丝结茧了。小心地剪开一个蚕茧，观察里面的蚕蛹并做好记录吧！

蚕蛹观察记录

项目	内容
体形、体色	
身体分为几部分	
是否有眼、足、翅	
身体是否分节	
是否会动	

蚕的成虫——蚕蛾破茧而出了！它的身体结构和幼虫有什么区别？试着标注它的身体各部分的名称。

我发现了：

蚕蛾交尾、产卵后，蚕的生命就画上了句号。让我们一起回顾蚕短暂的一生吧！

蚕的一生

阶段	天数
从蚕卵变成蚁蚕（蚕卵孵化期）	
从蚁蚕变成蚕蛹（幼虫期）	
从蚕蛹变成蚕蛾（蛹期）	
从蚕蛾出现到死亡（成虫期）	
蚕的一生	

蚕的一生经历了卵、幼虫、蛹和成虫四个发育阶段。由于蚕的幼虫形态结构、生活习性与成虫完全不同，所以，它属于完全变态发育的昆虫。

通过养蚕，你有哪些收获和感想？跟大家分享一下吧！

资料库

中国蚕桑史

中国是世界上最早栽桑、养蚕、缫丝、织绸的国家，中国的丝绸文明为人类文明作出了杰出贡献。

早在 5000 多年前的新石器时代中晚期，我们的祖先就开始在黄河中下游和长江流域种桑、养蚕。到了 4000 多年前，我国古代劳动人民不仅能养蚕，还能缫丝并织出最原始的帛。到了商代，作为手工业的蚕丝业已较发达，在织帛技术和品种上均有很大的改进与提高。西汉以后，我国的丝绸开始通过“丝绸之路”大量输往西亚和欧洲各国。唐宋时，我国又开辟了海上丝绸通道，促进了东西方的友好往来。

4. 收获与反思

在“探索夏天的奥秘——小满”综合实践活动中，你们是不是有了很多收获？讨论一下，用不同的方式展示活动成果吧！

回顾、总结活动过程，对你们的表现作出反思和评价。

我的收获与体会	
印象最深的事	
表现最好的同学	
新的想法和建议	
自己评	
同学评	
老师评	
家长评	

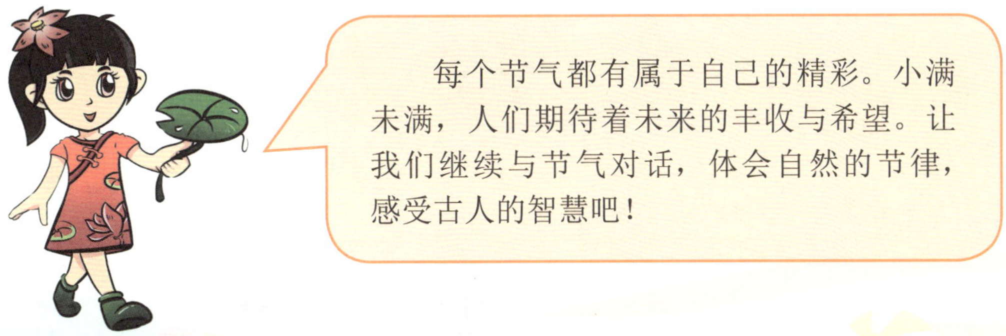

探索夏天的奥秘——芒种

芒种，是二十四节气中的第九个节气，夏季的第三个节气。芒种节气是种植农作物时机的分界点。对中国大部分地区来说，芒种一到，夏熟作物要收获，夏播秋收作物要下地，春种的庄稼要管理，收、种、管交叉，是一个播种忙碌的节气，民间也称其为“忙种”。让我们跟随农民伯伯的脚步，共同感受这个忙碌的节气吧！

1. 芒种节气小思考

芒种，通常在每年公历 6 月 5—7 日，太阳黄经达 75°。芒种时节，气温显著升高，雨量充沛，正是北方收麦与南方种稻之时。

启思苑

同学们，说到芒种，你们一定能想起许多谚语吧！

芒种忙，麦上场。

芒种芒种，连收带种。

吃了端午粽，还要冻三冻。

这些谚语与生活实际相符吗？如果我们想验证一下，可以用什么方法呢？

快去验证一下吧！

谚语：
芒种忙，麦上场。
我们的方法：
去麦田观察
我们的结论：
芒种时节，小麦接近成熟，麦粒接近饱满，麦穗长出了长长的麦芒。

谚语：
芒种芒种，连收带种。
我们的方法：
问农民伯伯
我们的结论：

谚语：

我们的方法：

我们的结论：

谚语，是指广泛流传于民间的言简意赅的短语。多数谚语反映的是劳动人民的生活实践经验，是古代劳动人民智慧的结晶。

知识窗

芒种分为三候：一候螳螂生；二候䴗[①]（jú）始鸣；三候反舌无声。芒种节气中，螳螂在上一年深秋产卵，因气温上升破壳生出小螳螂；伯劳鸟在枝头出现，开始鸣叫；能够学习其他鸟叫的反舌鸟，却因感应到阴气的出现而停止鸣叫。

①䴗，即伯劳鸟。

活动角

一候螳螂生，你想了解关于螳螂的哪些知识？

关于螳螂的研究计划	
研究目标	了解螳螂的种类、形态特征、捕食方法等
小组分工	
研究方法	资料搜集法、观察法……
研究过程	1. 查找资料。 2. 实地观察。 3. ……
成果形式	手抄报； 自然笔记； 美篇； ……

制订了计划，行动起来吧！

我查到了关于螳螂种类的知识……

想了解螳螂，需要近距离观察。

观察动物时，要按照一定的顺序进行观察，如从整体到局部、从头到尾、从上到下等。

螳螂身体细长，腹部肥大，颜色多样，大多数是绿色的。

螳螂的头是三角形的，比较小；它的复眼突出，大而透亮。

……

知识窗

兰花螳螂

树枝螳螂

螳螂是一种非常善于伪装狩猎的物种，被称为“自然界的伪装大师”。我们把它模仿其他动物或者植物形态的行为称为拟态。兰花螳螂，以模拟兰花出名，在远处几乎难以辨认真假，在螳螂中应该是最美的了。非洲树枝螳螂，有着充满创造力的外形。如果它在树枝上，真的是肉眼难辨。树皮螳螂，也叫广缘螳螂，是螳螂种类中比较奇特的一种。一般的螳螂都是比较立体的，而树皮螳螂却是平面的。

树皮螳螂

展示台

通过研究，你们一定对螳螂有了进一步的了解，展示一下你们的成果吧！

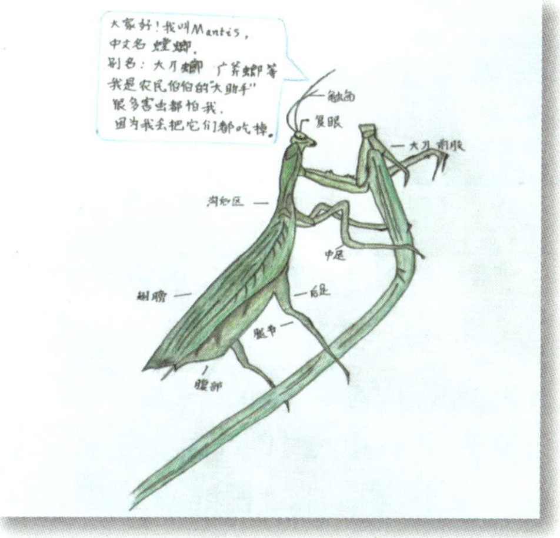

这是我制作的关于螳螂的美篇，快来扫二维码获取吧！

古时候，人们从螳螂攻击时的行为得到启发，发明了螳螂拳等武术招式，还根据螳螂前足的特点发明了镰刀。大自然中的事物给了人们很多启示，并推动了人类社会的进步。

2. 芒种麦子小探究

芒种时节，长江流域“栽秧割麦两头忙”，华北地区“收麦种豆不让晌”。此时，大麦、小麦等有芒作物种子已经成熟，抢收工作十分急迫。

知识窗

小麦按播种期分冬小麦和春小麦。

冬小麦播种面积约占小麦总面积的 84%，主要分布在长城以南，主产区有河南、山东、河北、江苏、四川、安徽、陕西、湖北、山西等省份。一般在 9 月中下旬至 10 月上旬播种，第二年 5 月底至 6 月中下旬成熟。

春小麦播种面积约占小麦总面积的 16%，主要分布在长城以北，主产区有黑龙江、天津、新疆、甘肃和内蒙古等省市，一般在 3 月下旬至 4 月上旬播种，7 月中下旬收获。

启思苑

在我们的家乡，芒种时节正是冬小麦收割的时候。关于小麦，你想了解哪些呢？

活动角

让我们一起走进麦田，探究小麦的奥秘吧！

小贴士

常用的观察方法有自然观察法、解剖观察法等。

自然观察法是对自然界的现象、事物或人类、动植物不作任何改变而进行的观察，如在田野或植物园里观察植物的生长情况，在森林和动物园里观察动物的活动情况等。自然观察应注意选好观察对象，确定观察重点，做好记录，并应进行多次原地或异地观察。

解剖观察法是把观察对象分解成两个以上的部分进行观察。

一般观察植物时，要先观察整体再观察局部。

根据学到的观察方法，制订观察计划吧！

我们的观察计划	
观察对象	
观察地点	
观察方法	
工具	放大镜、照相机、画笔……
观察内容	
注意事项	

观察小麦时，我们可以借助放大镜。

方法一：观察对象不动，人眼和观察对象之间的距离不变，手持放大镜在物体和人眼之间来回移动，直至图像变得大而清楚。

方法二：把放大镜放至眼前，移动物体直至图像变得大而清楚。

制订了观察计划，开始行动吧！

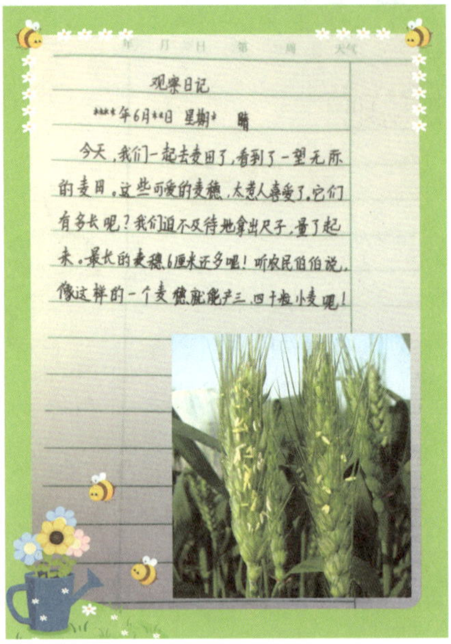

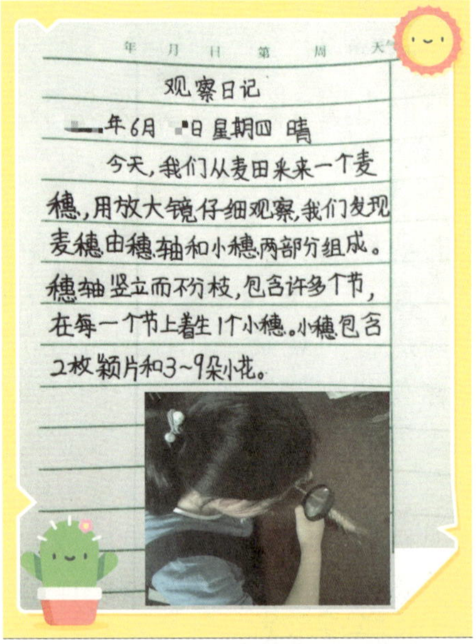

观察日记

× 年 × 月 × 日　星期 ×　晴

今天，我们小组同学采来一朵小麦花，带到了实验室。我用手轻轻地把它撕开，仔细观察它的内部结构。小麦花由 1 枚外稃（fū）、1 枚内稃、3 枚雄蕊、1 枚雌蕊和 2 枚浆片组成。其中，最主要的部分是雌蕊和雄蕊。

你观察到了什么？展示一下吧！

体验营

收割麦子采用什么方法呢？

小麦的收割主要有两种方法：

传统收割方法——人工收割。农民用镰刀收割，快手一人一天可以收割 1 亩地。

现代收割方法——机器收割。目前大多数地区使用联合收割机，有专门的操作人员，快速方便。全球最先进的联合收割机一小时可收割 500 亩地。

镰刀是农村收割庄稼和割草的农具，由刀片和木把构成，一般用来收割小麦、稻谷等。

谷物联合收割机简称联合收割机，是从田间直接获取谷粒的收获机械，能够一次完成谷类作物的收割、脱粒、分离茎秆、清除杂余物等工序。

在农民伯伯的指导下，一起体验传统的收割方式吧！

我们的劳动照片

资料库

小麦收割方式的变迁

小麦收割方式的社会化变迁经历了三个阶段：1990 年以前的人力收割阶段、1990—1998 年的小型拖拉机收割阶段和 1998 年至今的大型联合收割机收割阶段。三个阶段变化鲜明、有特色又不间断。

小麦收割方式的变迁很好地诠释了我国农业现代化用机械大生产代替手工劳动的过程。先进的科学技术迅猛发展，旧的生产工具逐步被新的生产工具补充、完善和代替，最终出现了更新的、更先进的收割方式。但与发达国家相比，中国的农业机械产品性能和质量仍需提高。

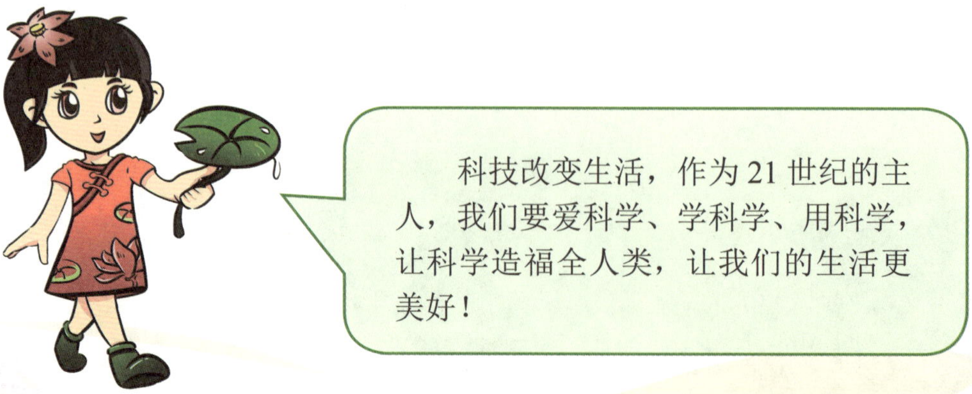

3. 端午佳节小体验

芒种期间，渐渐浓郁的不只是小麦成熟的味道，还有端午节悠悠的粽香。端午节是我国的传统节日之一，又称端阳节、重午节、天中节、朱门节等。

启思苑

你是怎样过端午节的？给你留下最深印象的是什么？

关于端午节，你打算研究什么问题？开展哪些活动？制订活动计划吧！

端午节活动计划

研究的问题	人员分工	研究过程	成果展示形式
端午节的来历及传说		看书或上网查找 问老师、家长	电子小报
端午节的习俗		查资料 收集有关图片或实物 开展小调查	幻灯片
粽子的制作		请教家长，了解粽子的原料 学习包粽子	开“粽子品鉴会”
赛龙舟的来历及文化		查资料 观看龙舟比赛	摄影展

参照上面的活动计划，选择你们感兴趣的主题，制订小组活动计划吧！

_____小组活动计划

实践场

粽子是端午节必不可少的美食，我们先来学习一下它的制作方法吧！

准备材料：
粽叶、糯米、棉线、枣等。

1. 把粽叶泡软、滤干。将糯米、枣洗净，浸泡 3 个小时以上。

2. 将粽叶卷成一个圆锥形，用大拇指压住。

3. 填满糯米、枣等馅料，淋入适量水，使馅料更加紧实。

4. 用螺旋手法，从粽叶另一端开始按图示慢慢卷起。

5. 用棉线将卷好的粽子捆扎起来，确保不松散即可。

6. 将包好的粽子放入凉水中，待水沸腾后转小火煮 3 ～ 4 小时。

你的粽子包得怎么样？开一个粽子品鉴会吧！

自己的评价：________________

同学的评价：________________

家人的评价：________________

展示台

端午节除了包粽子还有许多习俗，快来展示一下吧！

我和妈妈一起编五彩线。五彩线是用青、白、红、黑、黄五种颜色的线编成的。它是端午节的吉祥物，也是饰物，表达了人们辟邪除灾、迎祥纳福的美好愿望。

我们小组一起叠葫芦、采艾草，把葫芦和艾草挂在房檐下、门框上。民俗传统认为葫芦吉祥避邪气，而艾草所产生的奇特芳香可驱蚊蝇、虫蚁，净化空气。

我们小组观看了龙舟比赛，领略到了龙舟运动员的风采。赛龙舟是端午节重要的民俗活动之一，经国务院批准，列入第三批国家级非物质文化遗产名录。

我参加活动的照片：

我的感想：

交流园

通过研究、实践，你有哪些收获呢？

资料库

端午节的由来及地位

关于端午节的由来说法很多，其中，纪念大诗人屈原的说法影响最广、最深。

屈原是战国时期楚国人。公元前 278 年，秦将白起攻破楚都郢，屈原悲愤交加，怀石自沉于汨罗江，以身殉国，以自己的生命谱写了一曲爱国主义乐章。屈原去世后，楚国百姓哀痛不已，纷纷到汨罗江边去凭吊屈原。渔夫们划起船只，在江上打捞他的身体，还把饭团、鸡蛋等食物丢进江里，认为鱼龙虾蟹吃饱了就不会去咬屈原的身体了。后来因担心饭团为蛟龙所食，人们想出用楝树叶包饭，外缠彩丝，后发展成粽子。

2006 年 5 月，国务院将端午节列入首批国家级非物质文化遗产名录；2009 年 9 月，联合国教科文组织正式批准将其列入《人类非物质文化遗产代表作名录》，端午节成为中国首个入选世界非遗的节日。端午文化在世界上影响广泛，日本、韩国等国家也有庆贺端午的活动。

4. 收获与反思

通过这段时间的学习，你感受到芒种的“忙碌”了吗？了解到了关于芒种的哪些内容？

★关于芒种，我知道……

____

____

____

____

在芒种节气系列活动中，同学们一定有很多收获与感悟，在这里留下你们的成长足迹吧！

评价内容	梳理与总结	自评
是否全程参与		
最大的收获		
遇到了什么困难？如何解决的？		
哪些方面还需要提高？		
……		

“芒”是在蓝天下舒展，“种”是在大地中孕育。左手耕耘，右手收获，为昨天的种而收，为明日的收而种，没有芒种的忙碌就没有夏至的收获。

探索夏天的奥秘——夏至

夏至，是二十四节气中的第十个节气，夏季的第四个节气，古时又称“夏节”“夏至节”。夏至这天，太阳几乎直射北回归线，是北半球各地一年中白昼时间最长的一天。让我们一起踏上夏至之旅，共同感受充足的阳光带给我们的热情和希望吧！

夏至日作

〔唐〕权德舆

璿枢无停运，四序相错行。
寄言赫曦景，今日一阴生。

1. 校园植物小调查

夏至，通常在每年公历 6 月 21—22 日，太阳黄经到达 90°。夏至时节，植物更加繁茂，我们的校园绿意盎然、生机勃勃。让我们来到甬道旁、教室前、花坛中，一起调查校园里的植物吧！

启思苑

关于校园里的植物，你们想了解哪些内容呢？

校园植物种类繁多，如果遇到不认识的怎么办？

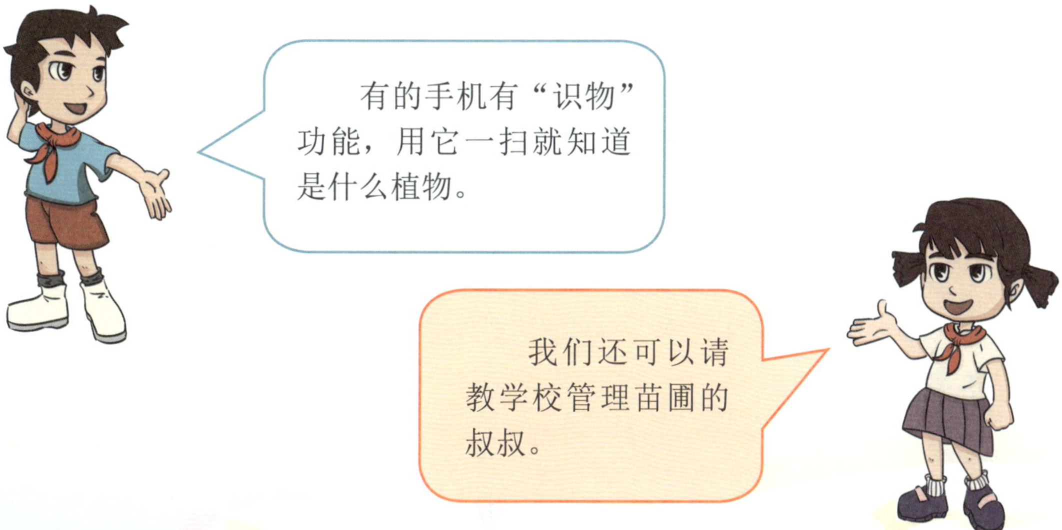

让我们走进校园寻找植物吧！

我寻找到的植物（文字和图片）

选择一种你们最喜欢的植物，制订一个调查活动方案吧！

____小组关于校园内_木槿_的调查活动方案

调查目的：了解校园内木槿的数量、生长状况、生长习性等。

调查时间：

调查区域：

小组分工：

拍照：　　　　　　记录：　　　　　　查找资料：

……

调查内容：

1. 操场周围木槿的数量。
2. 木槿当前的长势。
3. 木槿的生长习性。

……

做好调查准备后，让我们行动起来吧！

通过查找资料、实地调查、访谈调查等方法，我们对校园内的植物有了更清晰的认识与了解，一起回顾一下吧！

校园植物调查情况汇总表

名称	种类	图片	生长地点	数量	形态特征
木槿	木本		校园操场周围		木槿高 3 ~ 4 米，小枝密被黄色星状绒毛。叶菱形至三角状卵形，长 3 ~ 10 厘米，宽 2 ~ 4 厘米。
泡桐	草本		校门口		根状茎粗短，具肉质纤维根，多数膨大呈窄长纺锤形。叶基生成丛，条状披针形，长 30 ~ 60 厘米，宽约 2.5 厘米，背面被白粉。

你的校园里有哪些植物呢？赶快记录下来吧！

校园植物调查情况汇总表					
名称	种类	图片	生长地点	数量	形态特征

实践场

给植物做张名片，让更多的小伙伴认识它们吧！做名片时应该注意什么？

开始制作吧！

这是我们小组做的名片，觉得怎么样？

我的设计

名片做好了，亲手为植物挂上吧！

要选择合适的位置悬挂，不要影响植物的生长。

调查后，你认为校园绿化有什么特点？

你心目中的校园绿化是什么样的？提出你的合理化建议吧！

我的建议

交流园

我们的活动结束了，你们有哪些收获？

2. 影子特点小观测

“日长之至，日影短至，至者，极也，故曰夏至。”古人用土圭（guī），通过“立竿见影”的方式发现了夏至节气中影子的特点，让我们一起去观测吧！

启思苑

夏至时影子有什么特点？怎样观测？

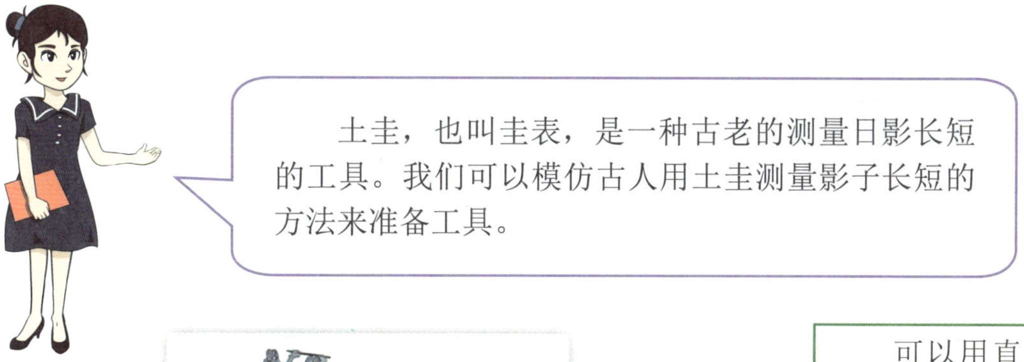

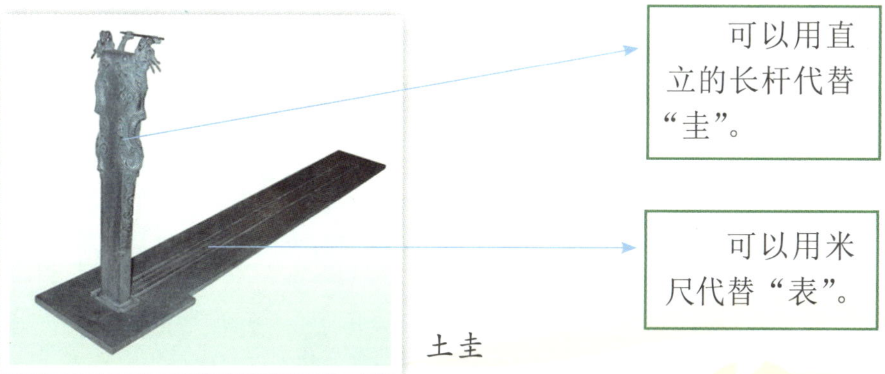

土圭

活动角

做好准备后，行动起来吧！

小贴士

观测时需要注意以下几点：
1. 要选择同一个物体；
2. 选择一个固定的测量地点；
3. 为了更明显地看出区别，可以隔天进行观测；
4. 测量时，物体要与地面垂直，不要倾斜；
5. 记录影长的数值取整数，精确到厘米。

你的观测结果怎么样？快记录下来吧！

影子长度观测记录表

日期	物体长度（厘米）	影子长度（厘米）

根据上面的观测数据，绘制夏至影子变化折线图。

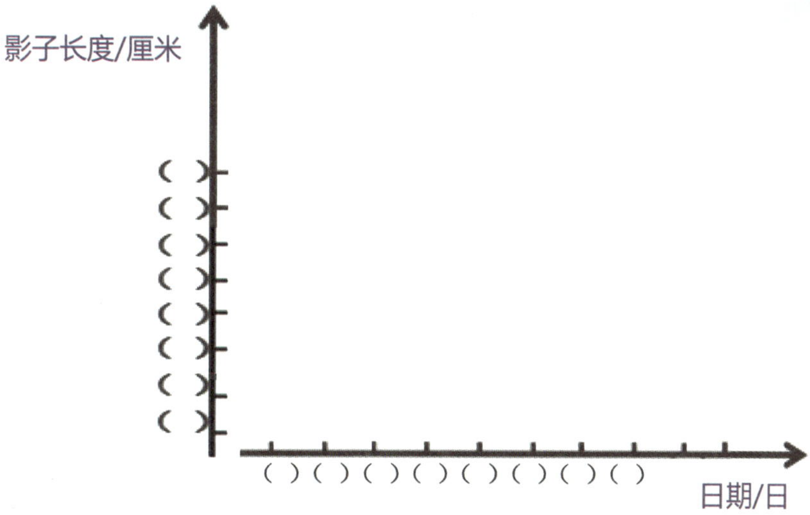

观察折线图，你有哪些发现？

我的发现

知识窗

夏至这天，太阳直射地面的位置在一年中的最北端，几乎直射北回归线。所以，夏至日是北半球一年中白昼时间最长、黑夜时间最短的一天，且越往北，昼越长。我国最北端的漠河是昼长最长之地，长 17 小时；最南端的曾母暗沙则昼长最短，长 12 个多小时，南北差距达 4 小时 40 分钟。这天正午，在北回归线上的地区将会出现“立竿无影”的现象。中国大陆有 5 个北回归线标志点，分布在广东的汕头、从化、封开，广西的桂平和云南的墨江，北回归线标志点设有“窥阳孔”，人们可以验证夏至中午的阳光是否垂直射向地面，是否“立竿无影”。

交流园

通过测量影子，有哪些收获？

资料库

日晷

日晷（guǐ），古时利用太阳投射的影子来测定时刻的仪器，通常由铜制的指针和石制的圆盘组成。铜制的指针叫作“晷针”，垂直穿过圆盘中心，起着圭表中立竿的作用，因此，晷针又叫“表”。石制的圆盘叫作“晷面”，安放在石台上，呈南高北低。晷面的正反两面有 12 个大格，每个大格代表 2 个小时。当太阳光照在日晷上时，晷针的影子就会投向晷面。太阳由东向西移动，投向晷面的晷针影子也慢慢地由西向东移动。移动着的晷针影子好像是现代钟表的指针，晷面则是钟表的表面，以此来显示时刻。

把一根已知长度的竹竿垂直放到地面上，测量竹竿影子的长度，然后再测量被测物体的影子长度。根据影子与物体长度的比值求出被测物体的长度。工程师在测量大楼高度时用的就是这个方法。想一想，生活中，我们还可以用这种方法测量哪些物体的长度呢？

3. 面粉奥秘小探究

“冬至饺子夏至面。”夏至吃面的习俗在全国大部分地区都很流行。民间有“吃过夏至面，一天短一线”的说法。夏至时节，新麦已经登场，所以夏至吃面也有尝新的意思。

启思苑

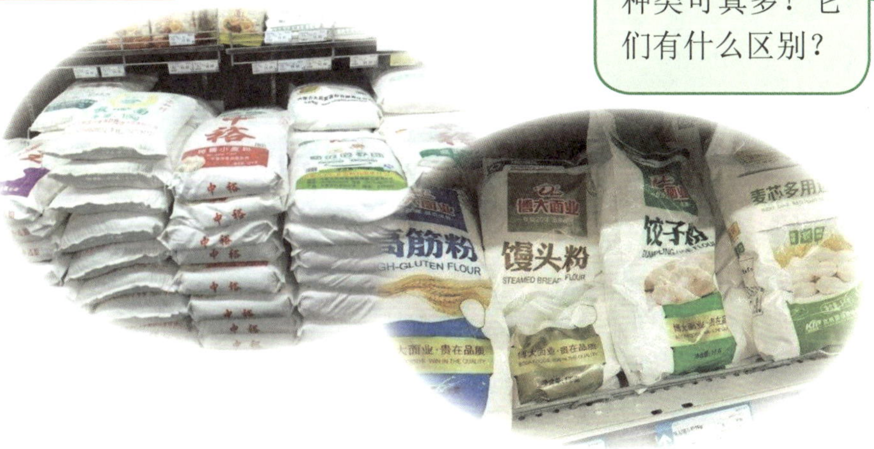

“超市面粉小调查”活动计划

活动地点：××× 超市
活动目的：了解面粉的种类
活动时间：
活动内容：
1. 走进超市，记录超市面粉种类；
2. 采访售货员阿姨，了解不同种类面粉的用途；
3.……

活动分工：
前期准备：记录本、笔、相机……
可能遇到的问题及解决办法：
展示和交流的方式：

活动角

制订好计划，让我们一起走进超市，去寻找问题的答案吧！

面粉调查活动记录

面粉种类：

面粉用途：

……

听听导购员阿姨的介绍吧！

面粉按性能和具体用途可分为专用面粉、通用面粉和营养强化面粉；按加工精度可分为特制一等、特制二等、标准粉、普通粉等不同等级；按面筋度含量可分为高筋、中筋和低筋面粉。

知识窗

鉴别面粉质量的方法是一看、二闻、三品、四捏。

一看：看面粉的色泽。等级高的面粉，色泽洁白细腻，无杂色、无麸星；而等级低的面粉则次之。二闻：好的面粉有麦香味，而经过高温或储藏过久的面粉由于陈化，会出现异味，口感发黏。三品：手捏一点干面粉放在嘴里，如果有牙碜现象，说明面粉含沙量高；如果味道发酸，说明面粉酸度高。四捏：抓一把面粉稍用劲捏，若面粉呈粉末状、无颗粒感，手捏后松开随之散开不结块，可以判断面粉水分含量适中；若手捏后，易成团、结块、发黏，则可判断面粉水分含量高，遇高温天气易发霉变质。好的面粉手感绵软，手感过分光滑的面粉则有问题。

实践场

选择好面粉后，就可以做美味的面食了。面食种类五花八门，仅面条就有多种做法，你知道哪些呢？

面条做法可真多！选择一种做法，让我们动手试一试吧！

我们的劳动照片

交流园

活动结束了，你有哪些收获，和小伙伴们分享吧！

资料库

夏至吃面的由来

夏至以后，太阳直射地面的位置逐渐南移，北半球的白昼时间日渐缩短。从营养学的角度来看，夏至前后是麦子丰收、新面粉上市的时候，新鲜面粉里的营养成分较高。过去，人们在这个时候多吃面，一方面庆祝丰收，另一方面也可以从新面粉中汲取丰富的营养。

4. 收获与反思

在“探索夏天的奥秘——夏至”这一主题活动中，你有哪些收获？

还有哪些收获与感悟呢？在这里留下你们的成长足迹吧！

评价内容	梳理与总结	自评
是否全程参与		
最大的收获		
遇到了什么困难？如何解决的？		
哪些方面还需要提高？		
……		

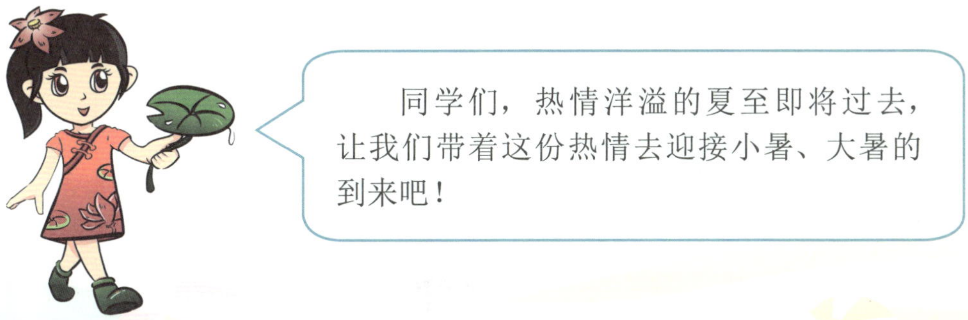

探索夏天的奥秘——小暑

小暑，是农历二十四节气中的第十一个节气，夏季的第五个节气。暑，是炎热的意思。小暑为小热，指天气开始炎热，但还没到最热。从小暑开始进入伏天，空气湿度逐渐加大。小暑拉开了盛夏的序幕，让我们与阳光同行，一同感受夏天的火热与美好吧！

1. 初探暑来热

小暑，通常在每年公历7月6—8日，此时太阳到达黄经105°。民间有“小暑大暑，上蒸下煮”之说。从小暑开始，进入了雨热同期的时节，人们要做好迎接酷暑的准备。

启思苑

小暑节气悄悄来临，你想了解哪些知识呢？

带着这些有趣的问题开启“小暑之旅”吧！

活动角

小暑节气天气多变，但还是以热为主。通过观测气温，我们可以直观感受小暑的热。

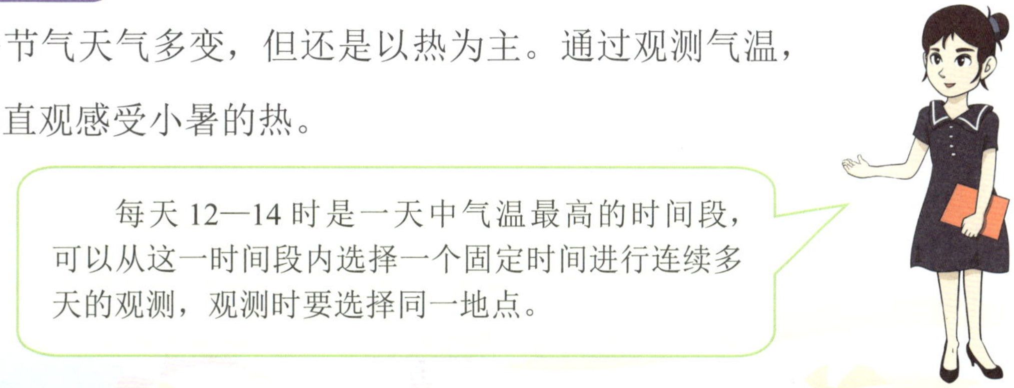

______小组气温观测记录															
观测人员															
观测地点															
日期时间															
气温															
最高温度								最低温度							

从上面气温观测的数据中，我们了解到：

____

____

____

____

知识窗

随着小暑的到来，“三伏天”也越来越近。三伏是初伏、中伏和末伏的统称，是一年中最热的时节。每年三伏天出现在小暑和处暑之间，大约在公历的 7 月中下旬至 8 月中旬。三伏的气候特点是气温高、气压低、湿度大、风速小。“伏”就是天气太热了，宜伏不宜动。

我国传统的推算方法规定，夏至以后的第三个庚日、第四个庚日分别为初伏（头伏）和中伏的开始日期，立秋以后的第一个庚日为末伏的第一天。因为每两个庚日之间相隔 10 天，所以初伏、末伏规定的时间是 10 天。又因为每年夏至节气后的第三个庚日（初伏）出现的日期不同，中伏的天数就有长有短，可能是 10 天，也可能是 20 天。

实践场

每到三伏天，很多人都会选择去医院贴三伏贴，这是为什么呢？我们一同去采访中医院的大夫，了解关于三伏贴的知识吧！

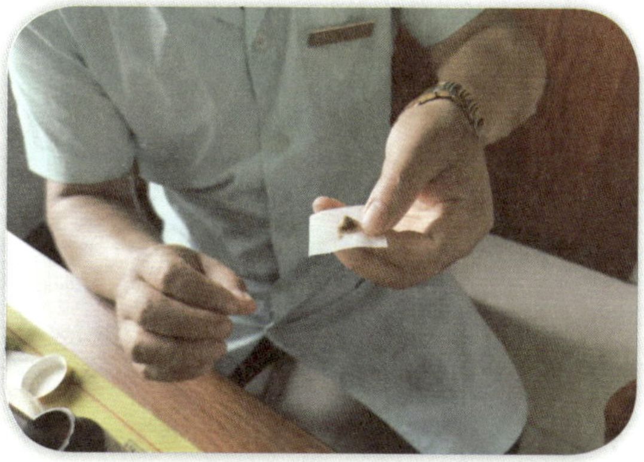

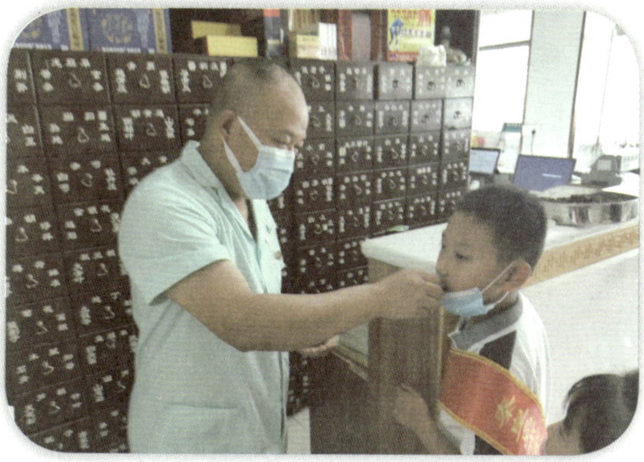

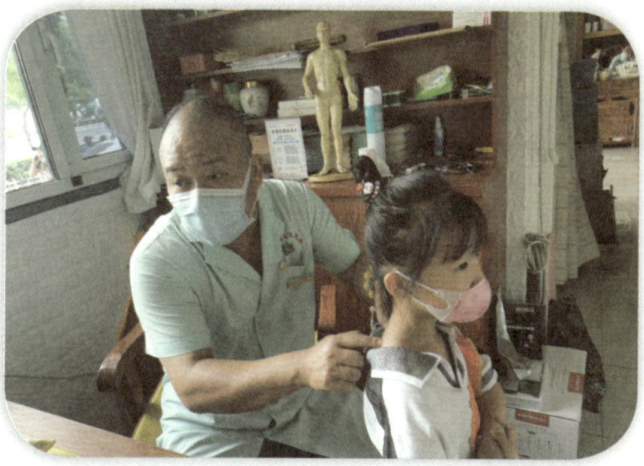

____小组访谈记录				
时间		地点		
访谈目的				
访谈分工	组织者	提问者	记录员	……
访谈内容	三伏贴的种类有哪些？ 贴三伏贴有什么作用？ ……			
我们的收获				

体验营

三伏天贴三伏贴的人可真多呀！我们一起去医院担任小小志愿者，为他们提供咨询服务吧！

小组问题预设单

序号	患者可能提出的问题	如何解答
1		
2		
……		

准备好问题预设单，开启我们的体验生活吧！

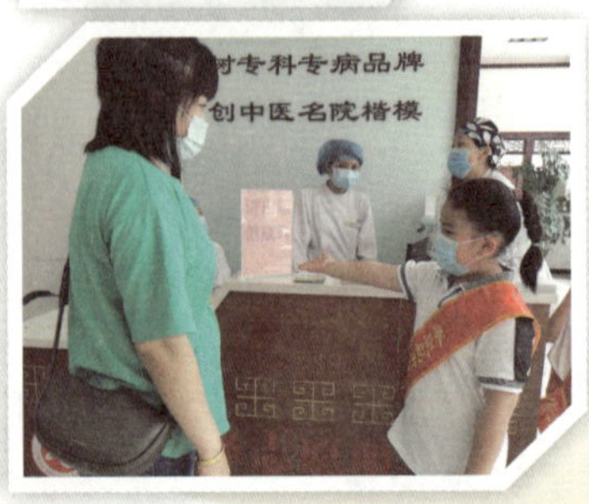

在角色体验中，我们的感触很多，一起说一说！

活动中遇到的问题：

我们是如何解决的：

收获和感受：

交流园

初探暑来热，我们真快乐！和大家分享一下你的收获吧！

资料库

中医贴敷疗法

贴敷疗法是中医传统的理疗方法之一，属外治法范畴。临床可根据患者症状、体征，选择对症的中药材将其捣碎、研末，用清水或蜂蜜等介质调匀之后，用胶布外敷贴于患者的穴位之上，起到整体调理、平衡阴阳的作用。不同的贴敷疗法可起到祛风止痒、散寒除湿、活血化瘀、通络止痛、清热解毒等不同功效，是中医理论中近治作用的体现。

2. 小暑尝新面

俗话说：“头伏饺子二伏面，三伏烙饼摊鸡蛋。”伏日，人们食欲不振，往往比平常消瘦，称之为“苦夏”。此时正值新面上市，而饺子又是面食中最开胃解馋的食物，因此便有了头伏吃饺子的习俗。

启思苑

关于饺子，你想了解哪些内容呢？

活动角

将大家提出的问题进行归纳，分析哪些问题最有价值，并选取合适的方式去研究。

研究方式	研究的问题
上网检索	
查阅书籍	
访谈	
……	

整理好要研究的问题，我们行动起来吧！

整理活动资料，看看问题解决了吗？你们了解了哪些关于饺子的新知识？与大家一起分享交流。

饺子的来历

饺子是中国北方的传统食物，距今已有1800多年的历史了。饺子是东汉时期医圣张仲景发明的，最初作为药用，用面皮包上一些驱寒的药材来治病，避免病人耳朵上生冻疮。历史上，饺子有“牢丸”“扁食”“饺饵”“粉角”等名称。三国时期称“月牙馄饨”，南北朝时期称“馄饨”，唐代称饺子为“偃月形馄饨”，宋代称为“角子”，元代、明代称为“扁食”，清代则称为“饺子”。

饺子的外形花样

实践场

通过调查研究，大家对饺子有了新的认识。让我们亲手制作饺子，品尝饺子的美味吧！

小贴士

1. 制作时一定要安全使用刀具、煤气，小心开水，避免烫伤。
2. 注意食品卫生，把厨房用具清洗干净。
3. 一定要把饺子煮熟后再品尝。

1. 做好准备工作，和好面团，调制好馅料。

2. 取部分面团，揉成圆条，切成大小均匀的剂子。

3. 把剂子按扁，用擀面杖擀成中间稍厚的圆形饺子皮。

4. 把馅料放在饺子皮中央，将皮对折，用拇指和食指捏好。

饺子的烹饪方式主要包括蒸、煮、煎、炸等，烹饪方式不同，饺子的风味也各不相同。其中，用蒸和煮的方式制熟的饺子营养成分流失比较少，能够较好地保留食材的原汁原味。

热气腾腾的饺子出锅了，我们一起来品尝吧！

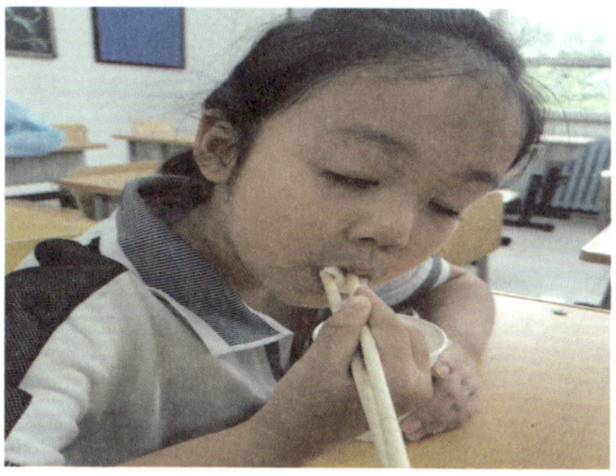

饺子的花样还有很多，让我们欣赏一下吧！

发挥想象，大胆尝试，回家为爸爸妈妈制作不同花样的饺子。

我的花样饺子（照片）

交流园

饺子虽小，学问不少。了解了关于饺子的知识，谈谈你们的收获吧！

资料库

饺子吃法知多少

饺子作为一种传统美食，吃法很多，是中国饮食文化重要的组成部分。

饺皮可用烫面、油酥面、鸡蛋面或米粉制作。馅心可荤可素、可甜可咸：荤馅有三鲜、虾仁、蟹黄、海参、鱼肉、鸡肉、猪肉、牛肉、羊肉等；素馅又分为什锦素馅、普通素馅等。

中国各地饺子的名品很多，如广东用澄粉做的虾饺，西安的酸汤水饺，衡水的猪肉白菜饺，上海的锅贴煎饺，扬州的蟹黄蒸饺，山东的高汤小饺，沈阳的老边饺子，四川的钟水饺等，都是受人欢迎的饺子品种。

在包饺子时，人们常常将糖、花生、枣、栗子、硬币等包进馅里。吃到糖的人，寓意来年的日子更甜美；吃到花生的人将健康长寿；吃到枣和栗子的人将早生贵子；吃到钱币则寓意财源不断。

薄薄的饺子皮里，不仅包裹着小小的馅料，还包裹着家人浓浓的祈愿和祝福，更包裹着中华民族的历史与文化。中国人用味蕾品尝饺子，更用心灵感悟饺子。

3. 夏日访蟋蟀

小暑分为三候：一候温风至；二候蟋蟀居宇；三候鹰始鸷。蟋蟀是小暑二候的主角，让我们一同走进蟋蟀的世界，探索它的奥秘吧！

启思苑

关于蟋蟀，你们最想了解哪些知识呢？

活动角

为了更加全面地了解蟋蟀，我们一起制订研究计划吧！

______小组研究计划	
研究主题	
研究目的	
成员及分工	
研究方法	观察法、资料搜集法……
研究步骤	1. 实地观察，了解蟋蟀的形态特征、生活习性等。 2. 上网查阅，搜集有关蟋蟀的知识。 ……
预期成果	

做好充分的准备，我们一同开启蟋蟀世界的神秘大门！

小贴士

1. 观察前要做好准备，明确观察目的和顺序。
2. 观察时带上必要的工具，包括记录本、镊子、照相机、放大镜以及盛放昆虫的器皿等。
3. 观察时要专注、安静，不要干扰蟋蟀的正常生活。
4. 有条件的最好饲养一只蟋蟀，这样观察起来更方便、全面。

蟋蟀观察记录表	
形态特征	
生活习性	
生存环境	
……	

通过网络查询，进一步了解关于蟋蟀的知识。

网络查询记录表	
查询人	
查询内容	1. 雌雄区别
	2. 发声原理 蟋蟀利用翅膀发声。雄蟋蟀的前翅上有旋涡纹状的翅膜，一侧翅膜为锉刀状，另一侧翅膜比较硬，两侧翅膜相互摩擦就能发出声音。雌蟋蟀没有这样的身体结构，因此不能发声。
	3. 生长繁殖
	……

实践场

让我们模仿蟋蟀的发声方法演奏乐曲吧！

1. 分别往四个玻璃高脚杯中加入不同高度的水。

2. 一只手用水沾湿，另一只手按着玻璃高脚杯的底部，然后用沾水的手指沿着玻璃杯的杯沿摩擦发出声音。

3. 用几个大小不同的玻璃杯试一试。

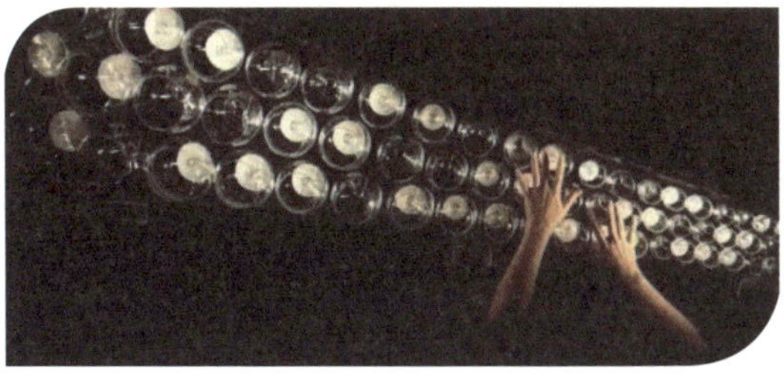

4. 再多加几个杯子，演奏一首交响乐！

同样的玻璃杯，水量不同，音的高度就不同。大小不同的玻璃杯，生成的音色也不同。我们可以通过改变水量和选用不同玻璃杯的方式来改变音高和音色。

通过游戏体验，你获得了哪些新的认识？把它们记录下来吧！

体验与思考

知识窗

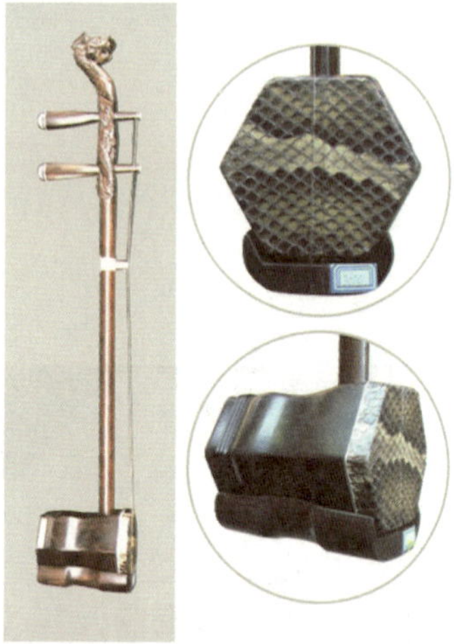

蟋蟀的发声方法与很多乐器相似，都是运用摩擦的原理来发声的，比如二胡、古琴、马头琴等。

二胡即二弦胡琴，又名“嗡子”“南胡”，是中国著名的拉弦乐器。在演奏过程中，琴弓与琴弦之间产生摩擦，使得琴弦振动，同时带动琴筒上的琴皮振动，从而发出美妙的声音。

扫二维码可以欣赏
二胡名曲《二泉映月》
（出自 CCTV 音乐厅）

交流园

在探索蟋蟀奥秘的活动中，你有哪些收获？大家交流一下。

4. 收获与反思

在小暑节气的探究中，我们收获满满。你最喜欢哪项活动？和大家一同分享吧！

在小暑节气系列活动中，你们的表现如何？留下成长足迹吧！

活动中，我主要做了哪些工作？完成得怎么样？

活动过程中，谁表现得最好？

活动中，哪些内容给我留下了深刻的印象？

盛夏虽然炎热，但美好依然常伴左右。绿树浓荫，雨后彩虹，都是别样的夏日风情。让我们享受当下，见证万物蓬勃生长，以一心清静迎接大暑的到来！

探索夏天的奥秘——大暑

大暑，农历二十四节气中的第十二个节气，夏季的最后一个节气。大暑是一年中最热的时期，气温最高，雨量充沛，农作物生长也最快。

让我们聆听着鸣蝉演奏的乐曲，应和着植物生长的节拍，共同走进生命力最旺盛的大暑！

大热（节选）

〔南宋〕戴复古

天地一大窑，阳炭烹六月。
万物此陶镕，人何怨炎热。

1. 对比古今度夏

每年公历 7 月 22—24 日，太阳到达黄经 120° 时，为大暑节气。此时正值中伏前后，我国很多地区经常会出现极端的高温天气：晴朗时，酷热难耐；阴雨时，湿热难忍。

活动角

大暑到底有多热？我们一起搜集资料，了解一下吧！

大暑三候

一候腐草为萤：生于枯草上的萤火虫卵开始孵化而出。
二候土润溽（rù）暑：大暑天气变得闷热，暑气很重，土地也很潮湿。
三候大雨时行：这一时期常有雷雨降临，暑湿减弱，天气开始向立秋过渡。

古人流传下来的大量谚语、诗词，也充分体现了大暑节气炎热的特点。

大暑前后，衣裳湿透。
大暑无酷热，五谷多不结。
小暑大暑，有米不愿回家煮。
小暑不见日头，大暑晒开石头。

大暑（节选）
〔宋〕曾几
赤日几时过，清风无处寻。
经书聊枕籍，瓜李漫浮沉。

关于大暑节气的“热”，你搜集到了哪些资料？展示一下吧！

启思苑

从古到今，人们想出了许多办法应对高温天气，度过炎炎夏日。

对于这些问题，怎样开展研究呢？制订一个研究计划吧！

____小组研究计划	
研究目的	
小组成员及分工	
研究方法	资料搜集法、调查法
研究过程	1. 到图书馆查阅书籍，搜集古人度夏方法的相关资料。 2. 了解现在常见的避暑方式。 3. 上网搜集资料，了解空调、冰箱等电器的工作原理。 ……
预期成果	

资料库

通过查阅书籍，我们知道古人为了度过炎热的夏天，研究出了各种巧妙的方法。

周代“冰箱”——冰鉴

早在2000多年前的周代，我们的祖先就发明了用于冰镇酒和食物的“冰鉴”，可以看作现代冰箱的雏形。湖北随州曾侯乙墓出土的铜鉴就是古代冰鉴的典型代表。

唐代“空调房”——含凉殿

含凉殿通常傍水而建，依靠水能转动扇叶形成冷气，或利用机械将水送至屋顶，然后沿檐而下，制成“人工水帘”，让屋子里凉快起来。

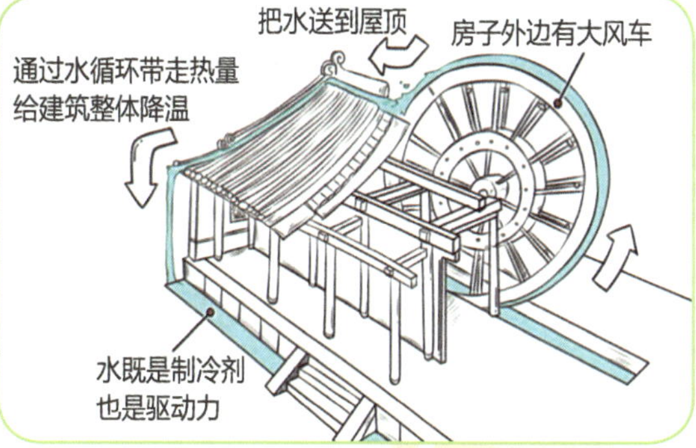

降温枕头

古代的降温枕头包括玉枕、水晶枕、石膏枕等，其中最有技术含量的是“冷暖枕”。冷暖枕用瓷制作，里面是空夹层，上有注水口，夏天睡前注入冰凉的井水，头枕其上，凉爽宜人。

元代“冰淇淋”——冰酪

南宋杭州街头有很多冷饮店卖“暑汤冷饮”。元代，冷饮又有了新突破，用果汁、牛奶、冰块制成冰酪，是最早的冰激凌原型。

古时候没有现代化的科技手段，我国劳动人民靠着自己的智慧清凉度夏，真是太了不起了！

和古人相比，现在的人们是怎样度夏的？

古代有冰酪，现代有各种冷饮，品种和口味更加丰富了。

古人有含凉殿，现代人有电扇、空调等电器。

古代用冰鉴冷藏食物，现代有功能更强大的冰箱。

……

如今，人们度夏离不开空调和冰箱，它们是怎样制冷的？让我们从书籍中寻找答案吧！

原来，空调和冰箱都使用了一种叫作氟利昂的制冷剂来制冷。

空调的制冷原理

制冷剂在室内温度条件下沸腾，吸收室内的热量变成蒸气。这些蒸气流到室外后把吸收的热量放出来，变成液体再流回室内。如此循环，不断将室内的热量搬运到室外。

冰箱的制冷原理

氟利昂制冷剂导致臭氧层被破坏。为了保护环境，近年来，氟利昂制冷剂逐渐被新型环保制冷剂代替。

随着科技的发展，空调、冰箱等电器变得越来越智能化。让我们走进商场，咨询销售员阿姨，了解智能空调、智能冰箱的功能吧！

名称	功能
智能空调	1. 远程控制
	2. 语音控制
	……
智能冰箱	1. 在线查询冰箱内的食物数量，设置采购清单。
	2. 自动提醒食物的保质期。
	……

科技的力量太强大了！我们来设计一款未来的空调或冰箱吧！

画一画它的样子：

说一说它的功能：

交流园

在这次活动中，你有哪些收获？我们一起交流交流吧！

2. 探究大暑蝉鸣

大暑时节，鸣蝉高站枝头，歌唱不休，“知了，知了”，叫声此起彼伏，唱响了一首夏日交响曲。

启思苑

蝉的叫声这么响亮，是怎么发出来的？这个问题可以怎样研究呢？

活动角

观察下面两只蝉的腹部，它们有什么不同？

观察图片后，结合搜集资料，我们能很快分辨出蝉的雌雄。

原来会叫的蝉是雄蝉。左图是___蝉，右图是___蝉，依据是：______________________________

____

____

____

捕捉一只雄蝉，仔细观察，它在鸣叫时，身体有什么表现？

雄蝉鸣叫时，______________________________

____

____

____

找到雄蝉的身体解剖图，了解一下它的发声器官结构吧！

通过观察、分析、搜集资料等系列活动，我们知道了蝉的发声原理。

蝉的发声原理

____

____

____

____

原来，蝉的叫声那么大，和它体内的共鸣室有很大的关系！想不到蝉的身上藏着这么多的奥秘，真是太有趣了！

知识窗

“共鸣”，也叫“共振”，是指两个振动频率相同的物体，当一个发生振动时，引起另一个物体振动的现象。在声学中，共鸣指的是物体因共振而发声的现象。通过共鸣，微弱的声音会增强。

共振是十分普遍的自然现象，在生活中有着广泛的应用。弦乐器中的共鸣箱、无线电中的电谐振等，就是使系统固有频率与驱动力的频率相同，发生共振。

与此同时，共振也有可能给人们的生活带来灾害。例如，在地震时，当地壳里的某一板块发生断裂时，产生的波动频率传到地面上，与建筑物产生强烈的共振，就会造成屋毁人亡的灾害。

实践场

了解了蝉发声器官的结构和发声原理，我们做一做蝉鸣模拟实验吧！

准备好材料，我们一起动手制作吧！

我们的模拟装置（照片）

模拟蝉的发声过程，实验效果如何？如果不满意，尝试改进，做好记录吧！

存在问题：

改进方法：

改进后的效果：

交流园

回顾活动过程，交流、分享你们的收获和感受吧！

资料库

蝉的一生

蝉是不完全变态发育的昆虫，它的一生包括卵、若虫、成虫三个阶段。

蝉一生只产卵一次，一只雌蝉可以产几千个蝉卵，最后能活下来的只有几只。

蝉的若虫生活在土中，有一对强壮的开掘前足，在寄主植物根部吸食汁液，通常会在土中待上几年到十几年，秋后钻入深土层中越冬，春天迁移至树根附近活动。

蝉在土中完成若虫的生活过程后，成熟若虫于5月下旬至8月中下旬从土中钻出来，并爬行到灌木枝条、杂草茎干等处，用足固着于树皮枝叶上，蜕皮羽化为成虫，迎来生命中最美丽、最强壮的阶段。雄蝉在树枝上高唱“知了，知了”，吸引雌蝉来交配，雌蝉在树枝的嫩皮下产卵。一个星期后，雄蝉和雌蝉完成了一生的使命，无声无息地死去。

3. 玩转多彩贝壳

大暑时节，到海边避暑的人们常常会被海滩上五光十色的贝壳所吸引。我们一起捡拾贝壳，制作一件精美的贝壳作品吧！

活动角

到工艺美术商店观察贝壳工艺品，想一想这些作品是怎样制作出来的。

这些作品有的直接在贝壳上绘画，有的用贝壳进行拼贴、串联，还有的制作成了立体造型……

这些作品巧妙地利用了贝壳自身的特点。看！左边这件作品中，小刺猬身上的刺就是用形状尖尖的小贝壳做的。

你们想设计什么样的贝壳作品？打算采用什么方法进行制作？讨论讨论吧！

为了顺利完成作品，先制订一个方案。

贝壳风铃设计制作方案		
设计的理念和想法	作品名称	大海的歌
	设计的创新之处	风铃的造型设计为波浪形，整体色调以蓝色为主，和作品名称中的“大海”相呼应；风铃在风的吹动下发出悦耳的声音，就像“大海的歌”。
设计草图	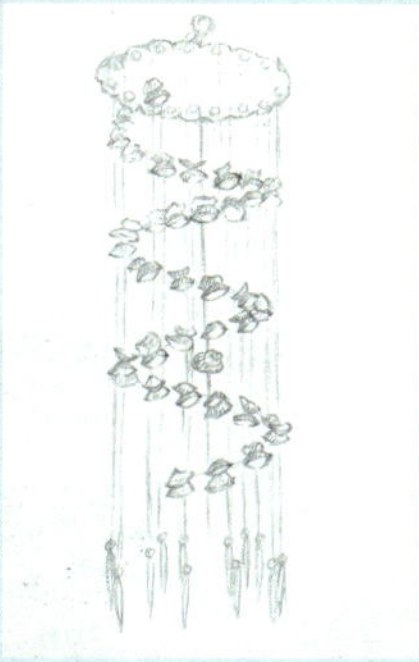	
物品准备		
制作步骤	1. 对贝壳进行涂色装饰； 2. 在贝壳的适当位置打上大小合适的孔； 3. ……	
可能遇到的困难和解决办法		

大胆创意，共同制订一份本组的方案吧！

______设计制作方案

实践场

做好充分准备，创作属于自己的独一无二的贝壳作品吧！

小贴士

制作贝壳作品常常要用到粘合、打孔等方法。粘合时，可以用 502 胶或者热熔胶对贝壳及辅助材料进行固定。打孔可以借助锤子和钉子，注意控制力度，安全使用工具。

展示台

贝壳作品完成了，快来展示一下吧！

你们是怎样设计和制作的？一起说一说、评一评吧！

贝壳作品评价表

评价内容	造型的创新	色彩的搭配	材料的运用	作品的精细程度
评价等级	☆☆☆☆☆	☆☆☆☆☆	☆☆☆☆☆	☆☆☆☆☆
改进建议				

资料库

最早的货币——贝币

在原始社会，人类还不会冶炼金属，坚固耐用、色彩鲜艳的贝壳是人们非常喜爱的一种装饰品。在公元前16世纪的商朝早期，由于经济的发展，可交换的商品增多，外形可爱、大小适中、便于携带和计数的宝螺成为最受欢迎的“钱”，人们用它来进行商品交易，这就是我国历史上最初使用的货币——贝币。正因为最早的钱币是贝壳，所以，汉字中很多和“钱”相关的字都是“贝”字旁而非“金”字旁，如“财”“货”“资”“贵”“赁”等。

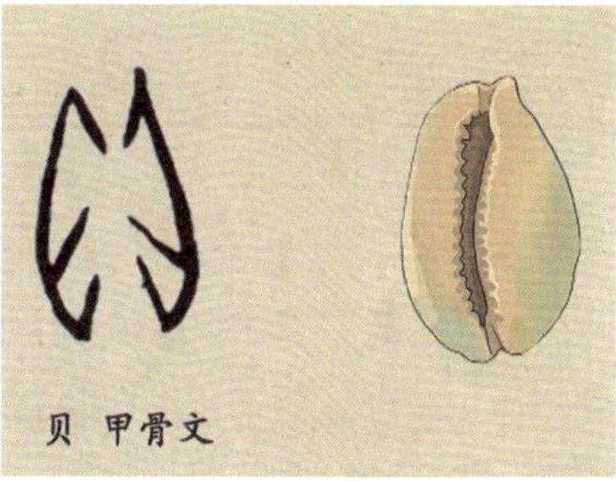

最初的象形文字——贝，就是根据黄宝螺的外形得来的。

4. 收获与反思

“探索夏天的奥秘——大暑”综合实践活动结束了，在这次活动中，你有什么收获？怎样展示给大家呢？

反思自己在活动中的表现，进行总结和评价吧！

我在活动中的感受：________________________________

____

老师评：________________________________

____

同学评：________________________________

____

家长评：________________________________

____

大暑过后，夏秋交替。炎热的天气盛极而衰，金色的秋天缓缓而至。让我们怀着对丰收的美好期冀，迎接立秋的到来！

我参与 我快乐 我体验 我收获

换上轻便的夏装，我们共同品味着夏日的火热气息。

伴着如丝的清风，我们共同奏响了夏季的优美旋律。

我们在研究中发现，在活动中体验，在操作中实践……

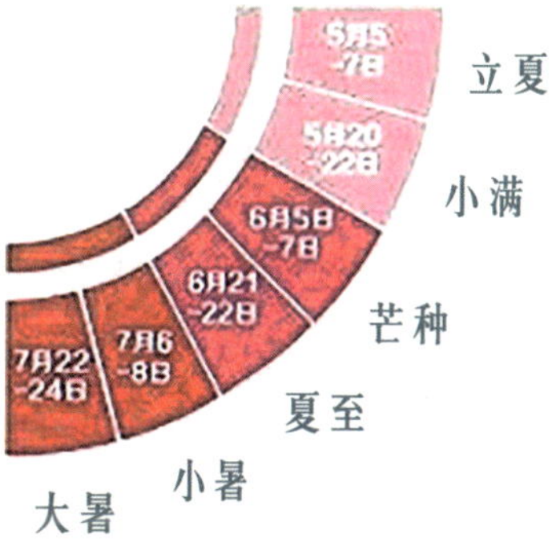

最喜欢的节气：

最感兴趣的活动形式：

印象最深的一次活动：

在小组合作中最大的进步：

最大的收获：

看看大家对你的评价吧！

伙伴说：

老师说：

家长说：

我想对自己说：

____

____

____

____

时光流转，骄阳似火的夏季渐渐远去。在节气之旅中，我们收获着探究的乐趣，也留下了成长的足迹。愿我们善于发现、敢于探索，继续讲述精彩的节气故事，努力探索神奇的自然奥秘！